AF258315

LE CRI

DE

L'HONNEUR FRANÇAIS,

OU

Coup-d'œil rapide sur la constitution des nouveaux tyrans.

Par l'auteur des Trois Consuls.

Monstrum horrendum, informe, ingens....

Virgile, Énéid. Liv. 3.

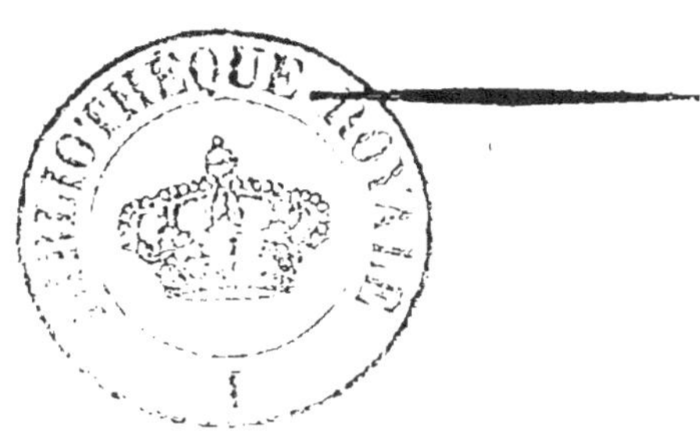

A PARIS.

De l'Imprimerie royale.

1800.

LE CRI

DE

L'HONNEUR FRANÇAIS,

OU

Coup-d'œil rapide sur la Constitution des nouveaux tyrans.

La première des nations, victime de ses propres crimes, est devenue le jouet de tous les ambitieux qu'elle renferme dans son sein. Deshonorée par les *Constituans*, égorgée par les *Conventionnels*, elle étoit réservée au dernier, au plus sanglant des outrages, il falloit qu'un de ses bourreaux devint son maître, il falloit qu'un usrrpateur diffamé souilla de sa présence l'antique palais de nos Rois. Si les Français ont perdu jusqu'au sentiment de l'honneur, qu'il leur reste au moins l'orgueil que conservent les coupables ; le plus brave, le moins avili d'entre eux est celui qu'ils placent à leur tête. Méritoit-il ce rang élevé, ce Buonaparte que je comparerois à Cromwel, si les complots d'un intrigant pouvoient ressembler aux forfaits d'un grand homme ? Comment débutera-t-il dans la carrière révolutionnaire ? Réunis à des brigands il égorgea les parisiens sans défense ; Barras ennuyé d'une intrigue qui lui coûtoit beaucoup et dont il n'étoit pas le héros, unit de ses mains impures, sa maîtresse congédiée à son nouveau favori. Cet homme, dont on a osé vanter les mœurs, prend une épouse dans le lit de la prostitution et, couvert de honte et de crime, il court mériter en Italie le brévet de général. Cette conquête ressemble à celle de tous les chefs du parti républicain, c'est-à-dire, qu'en prodigant l'or, les hommes et les moyens de séduction, Buonaparte s'empara lentement d'un pays qui bientôt ne fut plus qu'un amas de ruines : à son retour il eut la ridicule idée d'aller détruire dans l'Inde le germe de la richesse anglaise, il perdit quatre-vingt millions et cinquante mille hommes en Egypte, et sentant son génie plus propre aux basses conspirations qui détruisent les empires, qu'aux grands projets qui les conservent, il revint montrer un chef aux factieux de l'intérieur.

Ils ne sont plus ces tems de la révolution, où, pour réussir, il suffisoit d'innover, où l'enthousiasme d'un peuple ennivré protégeoit tous les excès, rivoit lui-même les fers dont on l'enchaî-

noit et sourioit au monstre qui levoit la hache
sur lui. L'opinion courbe les hommes révolutionnaires devant elle ; les Jacobins sont deve-
nus l'objet de la haine universelle , paroître les
frapper c'est disposer les esprits en sa faveur.
L'ennui , la lassitude du gouvernement popu-
laire , l'impossibilité démontrée de le faire mar-
cher, tout annonçoit le besoin de donner au sys-
tême républicain une nouvelle impulsion pour
rattacher le peuple au char de la révolution.
L'ambitieux insulaire qui s'est élancé sur le
trône sentit cette vérité : un seul instant il fut
grand : le fantôme constitutionnel s'évanouit
devant lui, il en regarda les débris, et, son
ame étroite frémissant de crainte, il s'en-
toura des hommes révolutionnaires. Alors
l'espoir s'éteignit , les cris de la douleur rem-
placèrent les accens de la reconnoissance. Qu'at-
tendre en effet d'un factieux qui , rentrant dans
le sentier battu des erreurs et de la philosophie,
nous parloit d'un nouvel embryon constitutionnel ; et quels législateurs que ceux que son
choix appeloit à composer ce code du délire
et de l'iniquité ? le régicide Syeyes , le septem-
briseur Garat , le fratricide Chenier, et ce Bou-
lay qui proposa sans rougir la déportation de
quatre cent mille Français dont tout le crime

étoit de n'être pas né comme lui d'une race plébéienne.

Les faits ont suffisamment justifié ces doutes : le Jacobinisme s'est affermi, ces monstres, qu'une mesure illégale mais nécessaire rejetoit de la société, on reçu la permission de rester parmi leurs victimes. Aujourd'hui on parle de rappeler Barrère, on consulte Merlin sur le code civil.... Quelles sont ces loix de sang que vous allez nous donner, puisque vous appelez à les faire, des misérables que le gibet reclame, et dont les noms sont une injure ?

Le même esprit de vol et de rapine, qui dirigea les premiers faiseurs, conduit les nouveaux tyrans : ils se partagent nos dépouilles. Tandis que Buonaparte s'adjuge 500 mille livres de rente, *Mathan* Syeyes se fait adjuger un domaine immense, dont les produits le dédommageront de la perte du consulat.

C'est sous d'aussi sombres auspices que les Consuls présentent aux Français un nouveau pacte social et les invitent à venir s'inscrire sur la liste de la révolte s'ils acceptent, sur celle des proscriptions s'ils refusent.

Examinons cette théorie des sophistes et faisons précéder cet examen de quelques réflexions générales.

Les loix ne sont saintes et inviolables que quand elles sont antiques et révérées ; l'approbation des hommes a besoin du silence des siècles pour acquérir un caractère inéfaçable : toutes les nations sont régies par des coutumes transmises d'âge en âge, par des loix reçues des mains du tems, et c'est à cette ancienneté que les habitans d'un pays civilisé accordent ce respect involontaire qui n'aît de l'habitude et du besoin.

Les législateurs des peuples anciens, pour suppléer à cette sanction des siècles, supposèrent une origine divine aux réglemens qu'ils donnoient à leurs nations, *Minos* tenoit les siennes de Jupiter : *Lycurgue* consulta l'oracle de Delphe sur la législation qu'il préparoit aux Spartiates : *Numa* parloit aux Romains de la nymphe *Égérie* et leur en transmettoit les volontés : c'est alors que l'empire de la religion se soumettoit les cœurs et faisoit de l'obéissance au loix un de ses premiers préceptes ; mais toutes les fois que des hommes méprisés feront des loix, la honte du législateur avilira son ouvrage ; on craindra de lui obéir

et son édifice chancelant s'écroulera, faute d'a-
voir eu des bases convenables.

Il est démontré que les coutumes observées
par les citoyens d'un empire et transmises par
la tradition sont la meilleure des constitutions.
Il faut quelques lois fondamentales et des usa-
ges reçus; mais un code complet est une absur-
dité philosophique. On ne peut pas plus pres-
crire à un peuple, qu'à un individu, des règles
universelles de conduite, parce que le cours
des événemens détermine nos actions et vient
rompre la chaîne des probabilités et des calculs
humains. Clovis, Charlemagne, et Charles V
donnèrent des loix aux Français et quatorze
siècles de gloire out prouvé la bonté de ces mêmes loix. Ne faites pas une constitution, rendez-
nous la nôtre, et vous aurez assez fait pour
vous, pour nous, pour notre salut, pour le
vôtre.

Mais déjà la plume ensanglantée du démon
des révolutions a tracé la quatrième ineptie révolutionnaire. Entrons dans ce labyrinte et re-
cevons des mains de la raison le fil qui doit
nous en faire retrouver l'issue.

Le titre premier est ainsi désigné : *De
l'Exercice du droit de cité*. Peuple qu'ils ont

appelé souverain , ton règne est fini ; tu n'as plus qu'un droit de présentation , les magistrats ne seront plus nommés par toi.

Dès le commencement de ce titre, on s'apperçoit que l'*Oligarchie* la plus resserrée a pris la place du gouvernement républicain. Dans la démocratie les citoyens élisent aux fonctions publiques , c'est le droit le moins susceptible d'être attaqué dans cette forme de constitution ; ici au contraire, le peuple propose et a l'inconvénient des brigues , des factions et des ménées qui sont inséparables des assemblées populaires, se joint l'impossibilité d'arriver à un résultat heureux ; les bons et les méchans placeront en effet leurs amis sur la liste de présentation , et dès-lors ces candidats se livreront à de nouveaux excès, à des débats scandaleux , à des intrigues dangereuses qui n'amèneront qu'une nouvelle liste dite départementale. Ces *inscrits* cabaleront une troisième fois et formeront la liste des citoyens éligibles, en sorte que l'ambition croissant en raison des obstacles qu'on lui oppose , l'époque des élections sera, comme elle l'a été dans tous les tems et en tous lieux , une époque désastreuse où tout le corps politique en mouvement menacera de s'anéantir dans les plus violentes convulsions.

'Tous les inconvéniens de la démocratie sont donc encore dans cette forme d'élection, et, comme nous l'avons dit, elle n'en blesse pas moins les principes, puisqu'elle porte le coup mortel à la souveraineté du peuple.

Ce premier titre est par conséquent illégal sous le rapport du systéme adopté par les sophistes, outrageant pour le peuple dont il usurpe le pou oir, dangereux quant aux effets qu'il doit produire, et généralement incomplet et mal conçu.

Le titre II établit un Senat conservateur.

Toutes les constitutions où le pouvoir est divisé porte en elle un germe de mort. L'unité est le chef-d'œuvre de la politique, comme il est le but de tous les arts. En plaçant plusieurs autorités puissantes sur la même ligne, vous établissez les foyers où s'allumeront tôt-ou-tard les flambeaux de la guerre civile.

Le Sénat est composé de quatre-vingt Sénateurs inamovibles et à vie. Il maintient ou annule les actes qui lui sont déférés comme inconstitutionnels, par le Tribunat ou le gouvernement, c'est-à-dire qu'il est en état de guerre avec les autres autorités, et que la tendance à l'usurpation, qui est essentielle à tous les corps politiques achevera de lui faire dépasser les limites de son pouvoir ; et sans doute qu'alors la constitutiou impunément violée, succombera sous ces atteintes.

Il est ridicule de compter plus sur l'infaillibilité de ce Sénat, que sur celle des autres autorités. Il est au-dessus des autres corps constitués, il les fait, dites-vous, se renfermer dans le cercle constitutionnel ; mais apprenez-moi qui veille sur lui pour qu'il s'y renferme à son tour ?

On ne peut voir, dans cette institution qu'une nouvelle preuve de l'impuissance des faiseurs et le principe d'une révolution qui naîtra de la première lutte du sénat avec les tribuns ou le gouvernement. Syeyes et Roger-Ducos se nomment membres de ce senat : ils le composeront en majorité, c'est-à-dire, qu'ils se déclarent souverains et en exercent les actes. Français serez vous donc toujours lâches !

Le titre III traite du Corps législatif. Il établit le tribunat qu'il compose de cent membres. Cette espèce de conseil propose des loix au Corps législatif et nomme des orateurs qu'il envoye pour les défendre devant cette autorité supérieure.

On a vu dans la constitution de l'an 3 , la jalousie des deux conseils engager le combat , et les *anciens* détruire les Cinq-cents. Sous une nouvelle forme on nous rend la même institution , les tribuns proposent , le Corps législatif refuse , par conséquent le gant est jeté et les cent tribuns oseront le ramasser et disputer l'empire aux trois cents *muets*.

Le Corps législatif est composé de trois cents membres ; il délibère au scrutin secret ; il ne discute aucune loi ; sa session ne dure que quatre mois : cette assemblée est trop nombreuse , le peu de durée de sa session ne pare pas aux suites dangereuses d'une semblable réunion. Pour détruire le plus brillant empire , il ne fallut pas quatre mois aux factieux de 1789. Etoient-ils quatre cents meneurs ? Moins on a de tems , plus on met d'activité dans son action. Si Robespierre avoit vu l'échafaud du 9 thermidor , que de victimes il eût immolé la veille.

Le titre IV confie le gouvernement à trois Consuls : c'est une jonglerie d'expressions : en point de fait , l'autorité réside dans les mains du premier Consul ; les deux autres n'ont que leur avis à donner : on leur permet de l'écrire : le premier consul fait ensuite ce qu'il veut. Ce despote, il faut trancher le mot, promulgue les loix, nomme et révoque à sa volonté les membres du Conseil d'état, les ministres, les ambassadeurs, les officiers de l'armée de terre et de mer, les membres des administrations locales et les officiers de justice criminels et civils. Il dirige les recettes et les dépenses de l'état; il peut décerner des mandats d'arrêt sans aucune forme judiciaire: il signe les traités de paix, il distribue les *forces de terre et de mer et en règle la direction : il a cinq cent mille livres de rente.*

Républicains, lorsque vous avez précipité le meilleur des Rois de son palais, dans les prisons du Temple ; lorsque vous avez brisé les tables de la constitution de 1791, étoit-ce pour que six ans après, un étranger inconnu vînt relever le trône et s'arroger un pouvoir beaucoup plus étendu que celui du Roi constitutionnel, que celui-là même que le vertueux Louis XVI avoit légitimement reçu lors de son avènement au trône. Ouvrez les yeux : nos Rois étoient des monarques; le premier Consul est un despote : un homme libre peut vivre dans une monarchie; sous le gouvernement déspotique il n'y a que des esclaves. J'ai dit que le Roi de France étoit un monarque, c'est-à-dire un

Prince qui prenoit pour règle de sa volonté les loix fondamentales de l'état, qu'il ne pouvoit point changer. La Religion mettoit une première digue à l'autorité du Souverain; elle le soumettoit à des ordres qu'il ne violoit pas. Les Cours de magistrature, depositaires de la loi, opposoient une noble résistance à ce qui leur paroissoit les blesser; les droits des trois ordres de l'état étoient sacrés, les priviléges des provinces étoient respectés, la puissance souveraine avoit des limites posées par le respect et qu'elle ne passoit jamais : j'en appelle au témoignage de tous ceux qui conservent, je ne dis pas de la fidélité et de l'amour pour le souverain légitime, mais seulement de la bonne foi.

Le premier Consul est despote : je le prouve la constitution à la main. Un despote est celui qui peut disposer à sa volonté de la liberté des citoyens et suspendre ou renverser les loix de l'état. Le premier consul n'est point responsable de ses actions, et l'article 46 du code constitutionnel l'autorise à décerner des mandats d'arrêt contre les personnes qu'il croira coupable de conspiration contre l'état : ses soupçons, ses craintes, en un mot, sa volonté sera la seule règle de sa conduite, et il pourra poursuivre, arrêter et détenir impunément ses ennemis ou ceux qui lui déplairont. Il est donc despote.

L'article 92 l'autorise à suspendre dans les lieux et pour les tems que sa volonté déterminera, l'empire de la constitution. Pendant ce silence des loix, l'arbitraire règnera seul : il est donc despote.

Il dispose de la force armée, il l'organise et la dirige à son gré, il est maître de tous les revenus de l'état ; il en fait l'emploi sans rendre aucun compte ; nul corps n'a le droit de lui faire des représentations ; nul dogme religieux, con sacré par la loi, ne met un frein à son ambition ; il peut tout, et personne ne peut rien sur lui : il est donc despote.

Factieux ! puisque c'est pour lui que vous vouliez relever le trône, vous avez bien fait de l'avilir !

Le titre V institue des tribunaux il consacre l'inutilité des juges de paix : il admet la ridicule idée du *Jnri*, c'est-à-dire qu'il continue à supposer que tous les hommes peuvent être juges, l'orsque l'éternelle voix de l'expérience nous crie que ces fonctions saintes sont pénibles autant que belles, et demandent un sens exquis et l'érudition la plus vaste. Comment les *Jurés* pourroient-ils ne se tromper jamais, lorsque les Lamoignon et les Daguesseau trembloient en prononçant l'arret d'un criminel.; lorsque Montesquieu vendoit sa charge parce qu'il craignoit que ses travaux littéraires ne lui laissassent pas assez de tems à donner aux procédures. Sophistes , vous n'avez pas osé appliquer vos *jurés* à l'instruction des procés au civil, croyez-vous la vie des hommes moins précieuse que leur fortune ?

Le titre VI parle de la *responsabilité* des fonctionnaires publics , pour décider que les sénateurs , les Représentans , les Tribuns , les Consuls ne sont soumis à aucune responsabilité.

Le titre VII contient des dispositions générales : un de ces articles maintient l'Institut Français, on a craint votre réveil.

L'article , 93 écrit en caractères de sang, laisse voir la férocité du tigre, il est comme le sceau de réprobation que les faiseurs ont imprimé à leur ouvrage. Chevaliers français ils vous ont apprécié ; ils ont senti qu'il n'y auroit jamais rien de commun entre les dignes fils des sujets du grand Henri et les continuateurs de Robespierre ; et vous qui, pour évitér la mort, avez fui sur une terre étrangère , et dont les tristes regards fixent encore une ingrate patrie, ne croyez pas y rentrer ; les tyrans qui nous oppressent sont toujours les mêmes; le besoin de s'arracher l'autorité leur fait varier les formes de l'usurpation; mais ils cesseroient d'être eux-mêmes, s'ils cessoient d'être féroces.

L'article 95 contient la plus insolente dérision; il porte que la constitution sera offerte à l'acceptation des Français. Hypocrite Syeyes, sans doute que votre front pâle se chargea d'un malin sourire lorsque votre main écrivit ces lignes. Vous la proposez à l'acceptation des Français, dites-vous; et pourquoi ces bayonnettes qui nous menacent? ces prisons où vous entassez tous ceux qui parlent au peuple de ses devoirs ou de ses droits? Pourquoi ces armées que vous opposez à deux cent mille Français armés pour le trône et l'autel? Pourquoi ces fers dont vous essayez d'enchaîner l'opinion? Avant de donner au peuple une constitution, écoutez-le vous dire qu'il en a une depuis quatorze cents ans. Avant de lui proposer un usurpateur, écoutez-le vous demander son Roi. Barbares vous ne vous contentez pas d'asservir, vous outragez. Vous le savez, si le peuple étoit consulté, ce ne seroit point au Capitole que sa volonté vous feroit monter.

Tel est le code absurde que les factieux ont rédigé, on vient d'y voir quatre autorités supérieures lutter avec des forces inégales ; les vices de la démocratie s'y mêler à l'illégalité d'un gouvernement olygarchique, et cette complication de rouages sans proportions prédire le brisement de la machine.

Crédules Parisiens vous tous que l'espérance trompa et que la crainte glace aujourd'hui, voyez quel abîme s'ouvre devant vous : on a calculé que la solde de tous ces tyrans s'élève à la somme de douze millions par année ; on n'a point calculé leurs vols, parce que l'infini n'est pas du ressort des calculs humains : les frais d'une guerre ruineuse qu'ils s'obstineront à soutenir, la pénurie du numéraire, l'inaction du commerce et l'agonie d'un long désespoir, voilà le sort qui vous est préparé. Voulez-vous échapper à tant de maux ? demandez un Roi ; cessèz d'obéir à ces charlatans politiques dont l'orgueil égale l'ineptie et la férocité ; fermez votre bourse aux tyrans ; aidez de votre or les braves royalistes de l'intérieur ; appelez les princes du sang de Saint Louis qui vous tendent les bras ; demandez votre père. Louis XVIII a les vertus de Louis XVI : tombez aux pieds de son trône et le souverain maître des destinées rouvrira sur vous les sources de l'abondance et du bonheur.

Pourquoi

Pourquoi *trois* décorés du titre consulaire

Quand *un* fait tout, et *deux* n'ont rien à faire ?

Autant valoit laisser seul le héros.

Non : dit un des faiseurs, par ce double acolyte

On veut du vrai Consul centupler le mérite ;

C'est *un* suivi de deux zéros.

F I N.